봄날만 잘도 간다

오승철: 1957년 제주특별자치도 서귀포시 남원읍 위미리 출생. 1981년 동아일보 신춘문예에 「겨울 귤밭」 당선으로 등단. 시조집 『개닦이』, 『누구라 종일 홀리나』, 『터무니 있다』, 『오키나와의 화살표』, 『사람보다 서귀포가 그리울 때가 있다』, 『다 떠난 바다에 경례』, 『봄날만 잘도 간다』, 우리 시대 현대시조 100인선집 『사고 싶은 노을』, 단시조 선집 『길하나 돌려 세우고』가 있음. 한국시조작품상, 이호우시조문학상, 유심작품상, 중앙시조대상, 한국시조대상, 고산문학대상, 오늘의 시조문학상, 서귀포문학상, 한국예술상, 제주문학상, 올해의 시조집상 등 수상. 옥관문화훈장 추서. 서귀포문인협회 회장, 오늘의시조시인회의 의장, 한국문인협회 제주특별자치도지회장 등 역임.

다층현대시조시인선 010
봄날만 잘도 간다

발행일 2024년 4월 30일
지은이 오승철
펴낸이 김동진
펴낸곳 도서출판 다층
등록번호 제27호
주소 (63211)제주특별자치도 제주시 오복5길 10, 1층
전화 (064)757-2265/FAX(064)725-2265
E-mail dc2121@empas.com

ⓒ 오승철, 2024. Printed in Jeju, Korea

ISBN 978-89-5744-111-4 03810

값 12,000원

* 지은이와 협의하여 인지를 생략합니다.
* 본 책의 내용 전부 또는 일부를 다른 매체에 소개하고자 할 때에는 저자와 본사의 동의를 얻어야 합니다.

다층현대시조시인선 010

오승철 유고시집

봄날만 잘도 간다

다층

* 페이지 시작과 끝부분에 〉표시는 연을 구분하는 표시입니다.

시인의 말

나의 시는
어머니 무덤가에
설핏,
다녀가는
봄눈 아닐까.

오승철

차례

5__시인의 말

제1부 유고시조

013__70리 · 1
014__위미 세천포구
015__어머니 벗님네는
016__저 멀쩡한 도리통
017__한여름 저녁놀에 라면 끓이러 간 친구
018__사진작가 용만이 형과 친구, 그리고 한라산 · 1
019__사진작가 용만이 형과 친구, 그리고 한라산 · 2
020__으름꽃 등 올리시네
021__단풍놀이
022__천제연
023__딱지치기
024__지냉이 잡으러 가게
025__할머니
026__골오름 뒤에
027__망장포 메꽃
028__조천
029__비양도 항아리
030__말대꾸
031__소와 노인과 옹기에 일잔(一盞)
032__지귀도 ― 미당 서정주
033__신 꽃타작
034__멩게차
035__깡짜 부려봤자
036__꿩꿩꿩

037__장끼야 장끼야
038__꿩아, 그만 길을 비켜라
039__목불 하나 달래려고
040__고추 잠자리·23
041__출소
042__허수아비
043__뻥이 뽑으러 가게
044__성산포 못 미쳐서
045__청미래 꽃만 피어도
046__문득 만난 마을
047__바람까마귀
048__쌍계암
049__지귀도 스케치

제3부 유고 동시조

053__가족사진
054__울음보 알아맞히기
055__이모와 보름달
056__그리운 할머니
057__부엉이 방귀
058__남극노인성
059__반장 선거
060__화륵화륵
061__얼음새꽃
062__나쁜 은행잎
063__부처님 오신 날
064__섬에 온 기차
065__구름똥
066__달덩이만 하다고요?

067__산골 운동회
068__소용없는 기도
069__추석 선물
070__나의 소원
071__가을 하늘
072__가지 가지 가지꽃
073__봄비
074__꿩꾹이

제2부 유고시

077__섶섬
079__비양도(飛陽島)
080__지귀도
081__고추잠자리 Ⅰ
083__고추잠자리 Ⅱ
085__고추잠자리 Ⅲ
086__한 방에 자면서도
088__순비기꽃
090__수평선
092__사직서
093__달님
094__고향
095__푸른 길
096__소라
097__한강교 위에서
098__자배봉
099__귤꽃
100__돌
101__밀감꽃 Ⅰ

102__밀감 꽃 Ⅱ
103__서귀포
105__아침 풀잎 Ⅰ
106__아침 풀잎 Ⅱ
107__밤비 속에서 Ⅰ
108__밤비 속에서 Ⅱ
109__밤비 속에서 Ⅲ
110__소녀에게
112__밀감
114__이어도
115__추석 Ⅱ
116__진달래밭
117__거북선
118__순비기꽃 다 진 날에도
120__불씨
122__돌하르방 ― 시인 김광협 선생님의 영전에
124__고근산 ― 한기팔 선생님 첫시집 출간에 부쳐
126__팔월(八月)에
128__다시 1987년의 깃발을 들고
129__다시 고쳐 잡은 말채찍으로
131__누가 이 섬을 유형의 땅이라 하는가
133__21세기 세계인의 만남의 도시
136__숯불을 피우듯
137__수선화
139__길벗 ― K군 생일에

■ 유고 시집을 엮으며_141

제1부 유고시조

70리 · 1

떠날 거면 떠나라고
서귀포는 있는 거다

비릿한 자리젓 냄새
한 계절 삭고 나면

칠십 리
약속의 땅에
눈감고도 올 것이다

위미 세천포구

오래전 폐업했는지 다 늙은 할망당이 있다
위미 신항 생기면서 배들 모두 떠난 포구
이따금 갯강구들만 아침 신당 다녀간다

새벽잠 털어내며 만선 기다리던 둔덕
엡다 니네 제사 겡거리여 고맙수다 삼춘
존다니 존다니 말라며 존다니도 건넨다

한 사내 일생 같은 장작불도 사월 무렵
보재기 한사람이 거나하게 취했나 보다
물 봉봉 드는 선착장 숭어 튀는 세천포구

어머니 벗님네는

아무 때 봬도 반갑네 어머니 벗님네는
작살 차고 수경 쓰면 아직도 상군해녀
이제는 불러도 좋겠네 어머니라 해도 좋겠네

일 년 절반 고향 바당 절반은 육지 바당
어느새 물밑마저 서늘해진 추석 무렵
오징어 두어 타래에 멸치까지 챙겨든다

거문도와 일출봉 송악산 오가는 뱃길
어느 포구엔들 순비기꽃 안 피랴
어느 서방 옷섶엔들 술값이야 없으랴

한반도 해안선 따라 돌아와야 할 이름아
누이야 이제는 오라 수평선도 끌고 오라
한가락 오돌또기로 신명 나게 끌고 오라

저 멀쩡한 도리통

위미리 사람들은 물때를 몰라도 좋다
들락날락 날물에 도리통이 드러나면
발동선 밑창도 보이는 일곱 물쯤이겠다

양식장 법이라며 여기서 나가라네
돌문어, 보라성게, 참보말도 못 잡는다고?
헤엄도 칠 수 없냐며 실없이 물어본다

모처럼 고향에 와 기분 상해 가는 길
그러거나 말거나 저 멀쩡한 도리통
오늘은 자리물회를 안 먹고는 못가겠다

한여름 저녁놀에 라면 끓이러 간 친구

곤냇골
곤냇골의
친구 집 찾아가니

아, 글쎄 라면 먹자네
순간 서녘 하늘 번지는 허기

창가에
냄비 앉히고
라면 끓길 기다린다는 거라

사진작가 용만이 형과 친구,
그리고 한라산·1

사진 보러 가자 해서 친구 따라 나섰더니
올해는 못 보나 했던 한라산 속살을 보네
그중에 어느 작품이 내 눈을 안 떠나네

그 사진 좋아한 건 나만이 아니었네
어느 날 우리 집에 그 작품이 와 있다니
난 그저 아무 말 없이 몇 번이고 안아보네

사연인즉슨 내 친구가 저 사진을 샀다 하네
좋은 작품들은 임자 있는 법이라며
주인은 나보다 너야 자네 집에 걸고 가네

사진작가 용만이 형과 친구, 그리고 한라산 · 2

청자에나 백자에서도
들어 본 적 없는데

애기 울음들인
에밀레종 전설같이

상고대
저 상고대 빛의
까마귀 소리 들린다

으름꽃 등 올리시네

신물질 발명했다는
물 건너 아들 목소리

그 말이 끝나자마자
으름꽃 등 올리시네

자배봉 뻐꾸기 소리
뻐꾹뻐꾹 등 올리시네

단풍놀이

5.16도로 남조로 건너 위미 세천포구
방파제 따라 앉자마자 단풍 길이 열리고
발동선 통통거리며 지귀도도 끌고 온다

까짓것 첨대라야 대나무 하나면 되고
내 청춘의 무게가 실린 뽕돌도 달아맨다
물속을 푸들거리며 달려오는 저 단풍들

고기 샅샅 살펴보면 친구들 별명같다
골생이 맥진풍언 그리고 어랭이까지
오늘은 아내와 함께 단풍놀이하고 간다

천제연

누가 끌고 오다 마을 곁에 숨긴 연못
3단 폭포 천제연 칠선녀도 탐났는지
그때 그 별빛마저도 뵐 것 같은 낮이다

동박새 녹색 깃털 온전히 드러낸 못물
밑으로 피었어도 햇빛 한 올 쏟지 않네
사랑은 저런 것이다 죽어도 저런 거다

우리의 만남은 그렇게 시작됐네
한 번도 뵌 적 없지만 돌담장인 아버지
천제연 폭포 소리가 동박새 울음같네

딱지치기

그 형과의 대결은 번번이 내가 졌다
점방 하던 아버지 어떻게 알았을까
슬며시 알사탕 주고 되찾아 주던 아버지

한때 아버지는 뭍 나들이 장사하셨다
간혹 선물상자에 보내오던 명절빔
알사탕 두 개와 바꾼 그때 그 딱지 같다

지냉이 잡으러 가게

책보는 마룻바닥에 휙 하니 던져놓고
점심도 뜨는 둥 마는 둥 지네 잡으러 간다
손에는 물병도 없이 호미 하나 빈 병 하나

지네에게 물리면 소변을 발라주고
배고프면 산밭에서 무를 훔쳐 먹는다
산마장 소를 내쫓고 우리가 물을 마신다

일 년에 두어 차례 지네 장수 없었다면
용돈은 누가 줄까 과자도 사 먹는다
다 저녁 초승달 더불어 어깨동무하고 온다

할머니

위미리와 산마장 그 중간쯤 망아피가 있고
거기엔 나에게 벌테라 부르는 할머니가 있고
칠십 년 곡식 퍼 담은 솔박 하나 데와세기 하나

산 중에도 4.3은 비켜가질 않았는가
삼태성*같이 흩어진 별들아 다물같이 모다정 살라
그 노래 흥얼거리다가 이름을 부르다가

망아피서 젤 먼저 라디오를 사던 날
라디오 속 사람들이 다 도망가 버린다며
그 위에 바구니 덮고 밭일 가던 할머니

* 북두칠성의 국자 모양으로 물을 담는 쪽을 바라보는 길게 비스듬히 늘어
  선 세 쌍의 별

골오름 뒤에

그 무슨 의식 치러야 추석 명절 맞는다는 듯
우리는 일요일 새벽 서너 명이 모였다
오늘은 오름 셋 건너 으름 따러 가는 날

정오 무렵 당도하는 산마장 길 쇠물통
물뱀도 아랑곳없이 소처럼 물을 마셨다
물속의 돌가시나무꽃 그렇게 환하더라니깐요

못물에 오줌 갈기고 흙탕물 만들고 간다
숲에 들면 우린 타잔 새소리도 쫓아보고
가끔씩 바나나 같은 청으름도 만져본다

목마름이 절실한가 배고픈 게 절실한가
집으로 오는 길에 다시 들른 쇠물통
밤하늘 으름 씨 같은 별들도 반짝인다

망장포 메꽃

이생망 이생망이라
함부로 말하지 마라

주지 스님 큰아버지
절터만 남은 마을

벼랑 끝
갯메꽃 하나
허공에서 피는 걸 봐라

조천

동산에 멀구슬나무 올레처럼 쫙 벌린 가지
여든 살 최정혜 할망 진종일 뭘 기다리나
한 송이 돌단풍만 꺼져도 세상은 참 슬퍼라

어느 길인들 한줄기가 아니었을까
어느 집에선들 그 손맛을 잊었을까
멧새 똥 떨어진 자리 봄날만 잘도 가네

천여 평 감귤원에 작설차 향 우러나면
학생들도 들꽃들도 줄줄이 호명된다
까우욱 울음 몇 점을 놓고 가는 저 까마귀

비양도 항아리

가을 햇살에 잘 익은 그 할머니 그 항아리
왜 내가 갈 때마다 갖고 가라 했을까
그 옛날 황포돛배가 팔고 갔단 그 항아리

황포돛배 흘러가듯 어디로 다 흘렀을까
팔자 센 그 항아리 숨비소리 담가 놓고
어느 땅 그 역마살을 그리워나 했을라

말대꾸

내가 이 집에 와
딸 못 낳써 아들 못 낳써

내가 이 마을에 와
오름 못 낳써 섬 못 낳써

무덤은
이 땅의 배꼽
청미래 꽃 곧 피겠다.

소와 노인과 옹기에 일잔(一盞)

옹기장수 백 리 길 삐걱삐걱 걸어 왔네
쉬는 곳이 장터로세
'열두 밧디 고망난 항 사세요' *
쉰다리 서너 잔 있으면
흥정 아니 벌이겠는가

* 열두 군데 구멍 난 항아리 사세요.

지귀도
— 미당 서정주

도성에서 이천 리길
끝까지 와 본 이 섬

초가집 열 가구쯤
고 씨 딸만 참 예쁘다

서울서
오가는 길이
자맥질 아니었을까

신 꽃타작

봄바람 났는지 어머니 안 계시다
도둑고양이처럼 이 집 저 집 기웃대다
경로당 타작 소리에 응수하듯 터진 벚꽃

점당 십 원짜리 그 판도 판이라서

문학 강의 중에 누가 내게 물어왔다.
내 시집 『오키나와의 화살표』에 실린 꽃타작이 뭐에요.
반대로 내가 "아시는 분 계세요?" 했더니 대부분 모른단다.
꽃타작은 고스톱을 벚꽃에 비유하면서 보다 재미있고 구체적이고 상징적으로 표현해 보려고 했던 겁니다.(강의실이 온통 웃음소리 파도 소리)

연둣빛 타는 꿩 소리 이승이야 화투 한 모

멩게차

서귀포 가는 길에 쌍계암에 들렀습니다
그냥 빌고 싶어 약속 없이 들렀습니다
싸락눈 몇 방울 흘린 멩게차를 받아듭니다

사오월 이 들녘에 청미래꽃 안 핀다면
그 누가 거린사슴에 기도 한 번 올려 줄까요
빠알간 열매에 대고 고백 한번 해 줄까요

깡짜 부려봤자

깡짜를 부려봤자
갈 것들은 갈 것이고
오름은
멀뚱멀뚱
가는 봄만 쳐다보네

장끼야
텃새라지만
너도 한 번 다녀오련?

꿩꿩꿩

꿩아 너는 왜 우니
나도 그걸 모르겠다

내 외로움 내 안다면
덜 서럽지 않겠느냐

온 섬이
날 가둬놓고
울어줘도 모르겠다

장끼야 장끼야

내 흘린 눈물이야
놓고 가면 되는 거지

장끼야 장끼야
목청 푸른 장끼야

자배봉
숯 굽는 터에
눈물 맛은 어떻더냐

꿩아, 그만 길을 비켜라

우리 아버지 마지막 길에

무슨 시비 거는 거냐

인생사 굽이굽이

세상 빚 좀 남았다고?

이눔아 길을 좀 비켜라

털릴 만큼 털렸다

목불 하나 달래려고

목불 하나 달래려고
쌍계암은 터잡았나

꿩소리 독경 소리
저들도 지쳤는지

몇 고개
끌고 넘다가
놓쳐버린 천백도로

고추 잠자리 · 23

기다리지 않았다
기약이 없었으므로

아내와 말싸움하고
천변 길 나섰는데

한 소절 찬송도 없이
거기서도 싸움이 있네

출소

뉘도 모를 이 봄밤
누가 나를 풀어다오

파밭에 가뭄이야
옥문 한 번 열면 되고

온 봄이
날 풀어 놓고
서럽냐 서럽냐 묻네

허수아비

건들건들 건들바람
빨간 고추 반 토막

올 농사 어디 갔나
밭두렁 허수아비

그리운
보름달 따라
서울로 다 갔나 봐요

삥이 뽑으러 가게

봄 들판에
미삭헌 삥이
뽑으러 가게

삥이는
사랑처럼
먹을수록 배고픈 것

성성한
억새에
손 베일지라도
어욱 삥이 뽑으러 가게

성산포 못 미쳐서

성산포 못 미쳐서 돌아설 걸 그랬다
일출봉 근처에 와도 뜨는 해를 못 보고
조간대 밥벌이하는 게들만 보고 왔다

게야 게야 달랑게야 너도 집이 있는 거니?
친구 따라 강남 가듯 허름한 집 사났는데
오 년이 그냥 흘러도 시 한 편을 안 주네

성산포 어느 변두리 외등으로 나앉은 마을
문턱을 넘나드는 파도 소리 산새 소리
저기 저 삶 속에 나는 끼지 말 걸 그랬다

청미래 꽃만 피어도

수많은 암자 중에
왜 이곳으로만 이끌릴까

불사는 못 이뤘지만
청미래 꽃만 피어도

쌍계암 목불을 안고
한없이 울고파라

문득 만난 마을

간혹 산에서 만나는 팻말 잃어버린 마을
여기는 어디이고 이 우물은 누가 마셨을까
소개령 흩어진 사연 저 오름은 알고 있다

약속이나 한 것처럼 한 명도 안 돌아온다
칠십 년 피고 진 벚꽃 그리움도 연좌제일까
어느 집 깨진 거울 조각이 나를 빤히 보는 것 같다

고려인들이 그랬듯 몇 사람만 모여들면
시베리아도 화산도도 일궈내질 않았던가
봄 들판 포크레인 끌고 더운 흙을 파러 가자

바람까마귀

이름 없는 까마귀 떼로 우는 까마귀떼
아무리 철새라지만 제 분수는 알아야지
남의 땅 한 구석에서 식량 전쟁 벌이나

어쩌다 시베리아와 제주 섬이 인연 맺었나
이 밭 저 밭 옮길 때마다 저절로 밭갈이 되고
까마귀 네댓 마리면 병아리도 채간다

열차는 밤 12시 시베리아를 달린다
한라산 소주보다 두 배 더 독한 보드카 주
북촌 땅 까마귀 저도 몇 잔술에 취했을까

쌍계암

이왕에 쌍계암이 한라산에 앉을 거라면
영실계곡 그 어디쯤 종 하나 걸어놓고
산철쭉 물드는 소리 실어내면 어땠을까

점지받지 못한 것이 이 땅 어디 있을까만
할머니 벗을 삼아 기르시는 저 계곡들
고고고 부르면 오는 수탉꼬리 같아라

어제는 남극노인성 떴다고 일러주고
오늘 밤 또 올 것 같다 스님께서 그러시네
천지간 외로운 곳이 서귀포 아니겠느냐

올라가면 법쟁이 오름 내려가면 하원마을
인연도 산에 들면 눈물 창창 인연을 낳나
계곡을 건너 들어와 탁발하는 하얀 구름

지귀도 스케치

그렇게 외로우면
섬 하나를 낳던지

길게 뻗은 한일자에
내려그은 등대 하나

어머니
숨비소리도
한줄기 가 닿는가

제2부 유고 동시조

# 가족사진

사람은 그 누구나 잘못 없이 못 살까요
오늘은 성당에서 첫 영성체하는 날
나보다 내 동생이 더 예쁘다면 화가 나요

이제부터 내 잘못 그 누가 감시할까
언제 어디서나 우리 곁에 있다지만
사진 속 눈 씻고 봐도
그분이 안 보여요

울음보 알아맞히기

 "꿩꿩 꿩울음보 어디 있지?"
 "목젖에"
 "맴맴 매미 울음보 어디 있지?"
 "가슴에"
 "가을밤 귀뚤귀뚤이 어디로 우나?"
 "날개로"

울음보에 웃음보가
터지는 우리 가족
 "빙빙 도는 잠자리 뭘로 우나?"
 "색깔로"
 "떼쟁이 나의 동생은 어디로 우나?"
 "심술보로"

이모와 보름달

그믐인지 초승인지 이모 눈썹 같던 달이
오늘은 한가위라
몰래 많이 먹었나 봐
감나무 가지에 걸린 저 달도 확 쪘네요

그리운 할머니

오늘은 온 가족이 제사 준비 하는데
온종일 태풍 소식
한라산이 들썩들썩
바다도 와장창 깨진 할머니 거울 같아요

부엉이 방귀

참나무의 포자가 소나무를 만나면
부엉부엉 부엉이
방귀를 뀐다지요
모양도 부엉이 같은 혹 방귀를 뀐다지요

부엉이가 방귀 뀌면 가을이 온다지요
받아라 이 혹 방귀
늦여름 늦더위야
그 소리 깜짝 놀라서 밤송이도 터져요

남극노인성

지구의 밤하늘에 두 번째로 밝은 별이
서귀포 밤하늘에 반딧불이 같아요
바람만 살짝 불어도 꺼질 듯 깜빡여요

여름철 전갈자리 슬금슬금 나타나면
새섬과 문섬 사이 꽁지까지 감췄다가
추분날 새벽 다섯 시 초롱초롱 찾아와요

반장 선거

새들은 새들끼리
가위바위보 가위바위보
나무는 나무끼리
알록달록 제비뽑기
간간이
"좀 조용히 해!"
그 소리 더 시끄러워요

새학기 우리 반도
시끌시끌 반장 선거
초침 분침 초깍초깍
 '누가 날 안 불러주나'
내 이름
 '내가 말할까?'
콩당콩당 홍매화

화륵화륵

동백나무 이파리에

톡
　톡
톡

싸락눈발

서너 끼 굶었는지

화륵화륵 동박새

꽃망울 터트리라고

가지마다 보채요

얼음새꽃

— 노루야, 노루야 눈이 맑은 산노루야

— 할머니 우리 할머니 노오란 털신을 봤니?

산노루 발자국 따라 눈밭에 핀 얼음새꽃

나쁜 은행잎

단풍잎만 바라봐도 만들기를 하고파요

다음 주 숙제는 단풍잎 열 장 모아오기

동화 속 용 한 마리를 만들고 싶어져요

계곡 건너 이쪽까지 반쯤 누운 왕벚나무

가까스로 나부끼는 그 단풍도 몇 장 따고

하늘로 솟구쳐 오른 포플러 잎도 주웠어요

용의 날개 달아줄 노랑 잎은 뭘로 할까

하루 몇 번 쳐다보는 성당의 은행나무

주일날 기도를 해도 안 떨어지는 은행잎

부처님 오신 날

이랏차차
이랏차차
낚싯줄 당기는지
어느 절 청동 물고기 이리 펄떡 저리 펄떡
어디에 동자승 숨어
낚시질 하나 보다

섬에 온 기차

어쩐 일로 기차가 제주에 왔을까

옛날엔 부산에서 신의주 갔다는데

삼팔선 생긴 날부터 길이 가로 막혔대요

내 고향 올레처럼 휘어진 철길 따라

바다도 철조망도 칭칭퐁퐁 건너뛸까

덩달아 직박구리도 삐익빽 신호해요

구름똥

"기저귀 찼대요"
"기저귀 찼대요"
참새들이 놀리나 봐
이제 막 말문 트인 내 동생도 질세라
"니들이 저 구름똥 쌌지?"
말대꾸 하나 봐요

달덩이만 하다고요?

누가 지난 밤에 갓난쟁이 놓고 갔나
강보에 싸인 채로 엄마 곁에 잠든 아기
쪼그만 얼굴인데도
— 달덩이만 하다고요?

— 달덩이만 하다고요?
난 정만 모르겠네
이제 엄만 동생 편 아빠는 누구 편일까
얄미운 저 보름달을 누가 데려왔을까

산골 운동회

이길 저길 억새 물결 흘러드는 운동장
울긋불긋 만국기 하늘타리 대롱대롱
준비 땅
화약 총소리
꿩소리로 들려요

나는 백군 동생은 청군
점심 때는 잠시 휴전
둥그렇게 둥그렇게 삼삼오오 앉으면
어느새 까마귀들도 스카이콩콩 타고 와요

굴려라 굴려라 데굴데굴 굴려라
홍시처럼 익어가던 놀빛도 잠이 들면
하늘에 큰 공 굴리듯 보름달 둥실 떠요

소용없는 기도

외할머니 산소에 다녀오신 엄마가

주일이 아닌데도 교회에 나갔어요

온종일 두 손 모아도 아무 소용 없나 봐요

추석 선물

모처럼 온 가족이 아빠 차를 탔어요
낼모레가 추석이라
산길도 신나는지
공중을 오르락내리락 청룡열차 같아요

이맘때면 오름 곁에 누워있는 산소들도
치잉 칭 쓱싹쓱싹 시원하게 이발해요
"할머니"
크게 부르면 대답할 것 같아요

오늘 아침 귓속말로 아빠랑 나눈 약속
벌초 가면 학원은
땡땡이쳐도 좋대요
그 선물 생각만 하면 보름달도 웃어요

나의 소원

꽃들도 울긋불긋 연등도 울긋불긋
오늘은 사월 초파일 와글바글 절마당
저렇게 앉아있어도 부처님 키가 제일 커요

솜사탕도 슬러시도 안 사주던 엄마가
빳빳한 5만 원짜리 그냥 척! 내놓아요
부처님 꼼짝 안 해도 불전함은 바빠요

소원을 빌라 해서 뭔 말 할까 생각하다
 "하루라도 컴퓨터 게임 실컷 하고 싶어요."
 내 머리 콕 치는 엄마, 그건 나도 들어 줄 수 있어!

가을 하늘

운동장 한복판에 하얀 선을 그리듯

저렇게 제트기가 가을하늘 긋고 가면

오늘 밤 북두칠성도 반쪽으로 잘리겠다

가지 가지 가지꽃

오락가락 장맛비
오락가락 잠자리 떼

폈다 졌다 가지꽃
가지 가지에 가지꽃

점심상 젓가락으로
한 개 살짝 따는 시늉

봄비

해마다 봄이 자꾸 짧아지고 있다는데

덩달아 꿩소리도

이 산 저 산 바빠지네

할머니 유모차 슬쩍 같이 밀고 가는 봄비

꿩꾹이

꿩이 잘 하는가
뻐꾸기가 잘 하는가

봄 들판 무대 위에 꿩꿩 뻐꾹 꿩꿩 뻐꾹

그 소리 메아리 되어 꿩꾹이로 들려요

꿩꿩 뻐꾹 꿩꿩 뻐꾹
꿩꾹이가 꿩꿩 뻐꾹

온종일 겨루어도 승부는 나질 않아

산골은 하품을 하듯 찔레꽃을 피워요

제2부 유고시

섶섬

I
성산에서 놓친 해를
서귀포서 다시 본다

내 마음 칠십리는
언제나 빈 포구인데

한줄기 뱃길 끝에서
표류하는 섬이여

II
보목동 산 1번지
섶섬 해돋이야

수천 년 늙은 바위에
홍귤 꽃도 피워내고

수난의 바다 곁에서
파초일엽 키웠지

III
이제는 지워야 하리

이마에 걸린 수평선

매달 음력 초사흗날과 여드렛날은 용이 되게 해달라고 빌던 구렁이 용왕의 야광주를 찾지 못해 백 년을 바닷속만 헤매다 죽었다지만,

아침놀 번진 칠십리
전설보다 슬퍼라

비양도(飛陽島)

바다는
내 생활의 유배지

아침 6시
출어하면
우도 끝에
가시처럼 돋아 있는 불빛들

썰물 때는
한 줄기 길
사발꽃이나 피우다가
밀물 녘에야
비로소 섬이 되는 비양도

바다의 눈발이 다하면
새미야, 한솔아
그제사 성산포 만한 동이 트고

아빠는
헤어진 그물코보다 슬픈
제주도의 동쪽 날개를 헤맨다

주) 흔히 우도면 비양도를 제주도의 동쪽 날개, 한림읍 비양도를 제주도의
　　서쪽 날개라 부른다.

지귀도

아득한 옛날
위미리 사람들의 유산

이젠 갈매기도 머뭇대는
남의 땅인걸

어느 뗏목이 흐르다 머문 그 자리
그리움 하나로
눈 시리구나
가고 또 오는 것이
하늘의 일이련만
눈짓을 해도
말이 없고
우리가 살아있는 죄로
수평선보다
더 흐려 뵈는 위미리 산 146번지

고추잠자리 I

1
편지 한 통
받은 일 없다
삼 년 가까이
구름이 앉았다 간
텃밭에
매운 눈 껌벅이는
고추잠자리

2
어쩌면 우리는
잘못 든 길이어도 좋다
시는 풀잎으로 흔들리기 위하여
흔들리는 줄기 끝에나 흔들리는 것들
늦가을
그리운 이름의
꽁지가 마르는 길섶에
세상은 잠 못 이루듯이
우리의 사랑 하나로 붉은 돌무덤

3
빙빙 돈다

빙잉 빙 돈다
천 마리 종이학으로도
풀리지 않는 풀빛 목마름
이 땅에 온기가 남아있는 동안은
종소리 보다
커다랗게
커다랗게
슬픈 동그라미

고추잠자리 II

수평선만 보다가
경기도 연천군 백학면
굽이굽이 산맥으로 이어진
북방 한계선을 봤네

사나흘 출어 길엔
한라산도 섬으로 떠 있듯
저 봉우리들은 자꾸
잠 못 이루는 섬으로 보일 뿐이라네

누구를 위하여 그물을 쳤는지
태풍 오기 전날 같은
적막만이 숨 막히고
앞발 하나 잘려진 슬픈
노루의 눈빛

아직도 기다리는 사람아
아버님은 평생
수평선을 못 건너고
이승을 떴네

사람이 사는 땅엔

길이 있기 마련인데
우린 아직도
휴전선을 배경으로 서성일 수밖에
그럴 수밖에

가을이 오면
온 천지가 섭섭하듯이
한라산 고추잠자리
사미천까지 거슬러 와서
단풍보다 짙은 색깔로 우네
몇 마리씩 떼 지어
눈물을 참네

고추잠자리 III

이 가을 내가 살아 있음이 고맙다
어느 길에나
바람은 불어
거슬러 날아온 고추잠자리

가을엔 달빛에도
빨래가 마르듯
그리운 이름들도
다 마르고
이따금씩 잠의 냇가에서
붉은 꽁지 적시네

한 방에 자면서도

한 방에 자면서도
우리 가족은
따로따로
밤의 바다를 건너는 네 개의 섬
지독한 불면으로
유독
나 혼자만 표류합니다
서로 손짓도 못하고
바다가 맞닿은
아득한 별나라로
놓쳐버린 아내와 아들과 딸
익숙지 못한 뱃놈 생활이
이루지 못한 꿈보다 성가시고
포구의 가족들에게
만선의 기쁨으로
고동이나 실컷 불어 보는 게 소망인
시인

물살에 섬이 흐르듯
밤새 맑게 씻긴
우리들의 베갯머리
새벽녘

하나씩
깨어나는 가족들이
서로 긴 여행 끝의 안부를 묻습니다

순비기꽃

다섯 살짜리 딸애와
바닷가에 나왔습니다
제 엄마가 땋아준 댕기머리

바위 서리와
바다가 휘어진 언덕배기
다들 떠난 자갈밭에까지
넌출넌출 피어서 일렁이는 순비기꽃
사랑이여 말하라
누가 누구를 놓친 것인가를
갈매기
하얀 울음이
눅눅하게 묻어있는
줄기 끝에서
묶인 채로 침묵하는 고향바다
선상생활에 길이 들수록
딸애가 내어미는 손가락에도
약속을 못하고
먼바다를 봅니다

늘상
바다가 그물을 빠져나가듯

살아서 이루지 못한 것들이
저무는
하늘을 향해
어지러이 흔들립니다
사랑을 놓쳐버린
아득한 날에

수평선

아침 아홉시
도청 3층에서 내다보이는
제주시 바다는
가라앉히지 못하는 섬을
뿌연 골격으로 드러내고 있었다

두 시간 출근길에도
어김없이 먼저 와 있는 수평선
하늘과
바다 사이
부를 수 없는 이름이
한줄기 영원한 뱃길로 떠있다

그물 같은
생활의 원고지를 엮는 일상에도
늘상 휘어지는 무게 없이
놓쳐버리는 파도 소리

우리가 이 세상을 허술히 산다 해도
어진 사람아
수평선만 있으면 좋다
〉

이따금 지워지는
뱃길에도
무적은 뜨고
아무런 일 없는 듯이
등 돌려 살자

가을날
섭섭한 서녘 하늘이
갈매기나 날리며 저물어 가듯

애국가가 흘러 퍼지면
퇴근을 서두르는
저녁 수평선

사직서

어둠 속으로
사직서를 내밀었습니다
이제는 배에서 내린
늙은 어부(漁夫)의 소금기 절인 몰골 같은
희미한 불빛 하나가
천지연(天地淵) 하류에서
자꾸만 무너지고 있습니다
앞서간 이여,
밤이면 바닷길에 와 눕던
서귀포 수평선이
오늘 밤은 낯선 불빛에 밀려
70리 밖으로 멀어졌습니다
사람이 사는 길은
하늘이 내는데도
사방(四方) 어둠의 춤사위 속으로
길 하나는 영원히
묻혀버렸습니다
무수한 이름들이
법환 돌할망집 근처
목마른 무적(霧笛)으로 뜨고
당신은
사직서 도장보다 붉은
달을 내밉니다

달님

허구헌 날 오며 가며
뉘 부르는 이 있어

몰래
하늘나라
살짝 비켜 바라보니

허, 고것
빈 소라껍데기에
바람 소리였고나

고향

언덕길 매운바람
황혼 지는 용수골
밭마다 새 낟가리
이삭 찾는 메추리
다만
내 풀매기 밭엔
쑥대풀만 자랐다

사립을 열고 드니
등불에 타는 시름
축축한 배겟 머리
술이 익는 어미뜨락
배시시 웃는 그 입술이
예나같이 따습다

푸른 길

이대로 좋다

33년의 고향 바다는
스스로 잠들 수 없는
수평선 하나로
가슴 깊숙이
자꾸만 푸른 길을 묻고 있다

소라

I
엎디어 외로운 넋
깨어져도 살리라네
내 살 속 파도 소리
휘휘 트는 마을 벌엔
청핏줄 이어갈 오늘
부활하는 태양이여

II
좌악 벌리는 입
트여오는 푸른 하늘
서귀포 뱃고동사
살 후비는 빛일 진데
이 산천
저무는 날까지
예서 예서 살려니

한강교 위에서

I
불빛들이 썰매 타는
빙판, 바람 일어
이리 출렁이는
한 하늘의 아픔을
으깨어 눈뭉치 씹으면
아아, 찝찔한 그녀의 입술

II
서울의 한 모퉁일 싣고
열차여 어디 가나?
발가락 얼어붙고
핏줄조차 끊겼어도
이 온몸
눈을 맞으며
고향 찾아 가느니

자배봉

문간에서 보는 산은
아득히 흐려 뵀다

버린 사람은
더 멀리 갔나니
활화산 머물던 터에
빈 노을만 붉었다

괜히 억울하면
두 눈을 감았다
산꿩은 산기슭에서
고개 묻어 운다마는
넌 짐짓
저무는 봄날에
손 잡힐 듯 멀고나

귤꽃

해마다 이 철이면
마당을 쓸어놓고
반가운 까치라도
오는 걸로 하겠다
아침상 두고 간 아내의
발등에 지는 꽃잎

꿩소리도 더러는
놓치며 살기로 하지
살붙이 그릇이사
몇 없으면 어쩌리
한마당 환한 그 기약
초가까지 닿는걸

돌

가난한 사람은 손들어 봐요
가장
고독하게 남아있는 사람 손들어 봐요
제주의 길목마다
바다는
잠 못 이루는 기억들을 추스르며
누워있다

아버님이 이승을 떠도
지워지지 않는 우리의 겨울 수평선
놓쳐버린 것들이 많은 가슴일수록
새살이 돋듯이
살아서 많이 씻겨버린 돌일수록
말이 없다
친구여
이 저녁 우리가 두고 온 돌에도
먼바다 푸짐한 눈이 내릴까 몰라
많이 놓쳐버린 사람 손 들어봐요

밀감꽃 I

한라산 치마폭마다
백설의 자국으로
이리도
하얀 불을 켜는가

물안개인 듯
별들이 머리 빗으며
향기 품는 하늘

햇빛 내린 언덕 아래
초가집 두서너 채
한라산을 얘기한다

섬을 비집어 온 파도 소리가
꽃술의 안쪽으로 스러지는 듯
발 벗은 담쟁이
사뿐히 꽃잎 새 위로 건너고 있다

백록담에 눈이 큰 꽃사슴
목마른 밤이면
달이 없어도
훤히 밝은 앞 냇가에
이쁜 순아 홀로 빨래질하네

밀감 꽃 II

고웁게 가난이 피었소
저녁 바람 스쳐오면
삐걱대는 문

떠나는 것은 가게 두고
돌아서서 쏟아지는 가난이 피었소
서귀포 창마다 등불을 켜고
허기진 빈 주낙배 돌아오면

아아, 맨살을
떼어내는 바다여
파도 소리에 꽃잎이 떨리는
마을은 뿌옇게 가난이 피었소

서귀포

한라산 동짓달이면
왼통
밀감으로 뒤덮이는 마을

골목마다
향기가 사뭇 연기 인양하고

잎새 끝에 바람이
머리 묻으면
하늘을 흐르는 어부의 노래

이여도 하라
이여도 하라

동백나무집 순이네 울타리에
담쟁이 넌출 기어올라
노오란 닭들은
천년을 구르다 녹슨 수레바퀴 위로
마음 놓고 뛰어다닌다

한라산 치마폭엔
꽃구름이 더 큰 산을 이루고

저녁 가마귀
그 위를 머리 풀며 날으고 있다

눈이 사풋사풋 내리는 밤이면
창 불을 꺼도
훤히 밝은 앞바다에
평화롭게 들려오는 흥겨운 노랫가락

이여도 하라
이여도 하라

아침 풀잎 I

문득 손 사이로
놓치는 이슬 있어
버리는 모든 것은
버려지고 있나니
간절한
바람결에도
못 가리는 네 얼굴

우리의 아침은
늘 설레는 몸짓이다
버린 것이 있다면
어젯밤의 저 언덕
살수록 알 것만 같은
한 하늘이 펼쳐있다

아침 풀잎 II

간밤에 귀또리가
저리 곱게 울었고나
떠밀리듯 떠밀리듯
흔들리는 풀잎 사이
더불어
귀한 눈물을
버려두고 갔고나

밤비 속에서 I

네 넋이 어디쯤 스러져 오는 것일까

등을 맞대고
다가설수록 멀어지는 캄캄한 너의 하늘
검은 개가
가로등 빛을 핥듯
아픈 우리의 속말은 슬픔의 강을 건넌다

금새라도 네 모습 뛰쳐나올 듯
아스라지는
목마름

열아홉 고개를 넘던 날밤
그리도 곱게 웃더니
아, 비 내리는 이 밤
나의 하늘엔 마른번개가 치고 있다

밤비 속에서 II

어디로 갈까
가등(街燈) 빛 젖어 내리는 거리

수천만 개의 낯선 얼굴들이
나의 옆을 스쳐 지나는가

어디로 갈까
바다 기슭을 돌아와
발밑에 밀리는
나목(裸木)의 그림자

바람은 네 머리카락을 흔들고
내 머리카락도 흔든다

하늘 한 자락 살아있는 번개
어둠을 쪼개듯
내 넋을 쪼개고

빗물이 고여 들어
아아, 이리도 허전한 목마름

밤비 속에서 III

하늘이 다 문드러지면

바람아,
어느 동구(洞口) 밖
버려진 머리카락 흔들까

소녀에게

마구 빗속을 헤매었댔지

더러는 잊힘 직한 네 얼굴이
이 조용한 밤
일제히 일어서서
나무토막 같은 가슴을 깎는다

잊는다는 것이
유언(遺言)처럼이나 힘든 것이러뇨

자꾸만 항구로 젖어 밀려드는
서귀포 불빛
그리하여
나의 옷깃에 슬픔은 나부끼고

두 손 휘저으면
잡히는 건
빈 가슴만큼의 허공

소녀야
떠나서 먼 소녀야
아픔을 씻기 위해

우린 마구 빗속을 헤매었댔지

이제 겨울이 오는 길목에 서서
나목(裸木)처럼
얼룩진 잎사귀들을 떨쳐버리고
첫눈처럼 찾아올 너를 기두린다

밀감

春
한라에 붙는 불꽃
꽃 선녀의 흰 가슴인가
그 향기 짙은 골에
초가집 모여들제
눈이 먼
청비바리 머리에
댕기인 양 나는 나비

夏
소낙비 오고 나자
색깔 더욱 파랗고나
서귀포 마을마다
울리는 풍경소리
아득히 멀어지다가
귓전을 때리다가

秋
구름에 숨는 달보다
더 수줍은 홍색시가
사랑에 몸이 앓듯
옷깃 끝에 갸웃갸웃

〉
冬
황금귤 빛깔로
삼동(三冬)에도 훈훈하네
청노루 한 마리가
깊은 밤 산길 내려
휘언한
이 광경 보고
천국인가 하는구료

이어도

천국의 꽃밭이더냐
제주의 넋이더냐
맑은 웃음이
거기야 있을 거냐
쩌러렁 하늘도 청청하다
구름처럼 갈까보아

죽어 혼이라도
거기 갈거나
뱃전에 날개 펴듯
바다가 출렁이고
창창한 세월을 헤쳐
두고두고 갈까나

추석 II

우리 흰옷 입고
냇가에 나와 서자
두고 온 고향 산에
공출당한 달무리야
오늘도
망연히 떠서
양같이 양같이 살아

지나간 아픔일랑
아예 말하지 말자
아침이면
우알력집 돌려먹는 송편떡에
기나긴
한이 묻혀도
상머리사 환한걸

진달래밭

너는 먼저 가고
붉은 빛만 남아돈다

푸른 산 멀리 두고
다시 오는 구름인걸
빈손 든 고목 가지에
두고 간 게 있던가

거북선

살아서
남해(南海)는
출렁이는 푸른 물결

밤이면 닻줄 없이
떠가는 섬이 있어

남해의 잦은 구비에
뒤척이는 이 선창

죽어서
먼 섬엔
영원한 불빛 일어
어느 하늘 노려보는
거룩한 눈빛이냐
우러러 합장을 하듯
불을 켜든 이 선창

순비기꽃 다 진 날에도

뙤미의 역사는
우리 말하지 말게
친구여

어느 바람결에
풀잎이 목숨 하나
얻었다 놓아 버리듯
할아버님, 할머님, 아버님이
이 땅의 바람과 물과 핏줄로
태어나서 살다가 묻힌 곳

갯촌,
활싸움, 총싸움, 한미소(韓美蘇)
콩당당복닥 꿩코, 생이촛, 말총, 목제비코, 눈쌓인 보리밭 이랑을 띄우던 풀묻은 방패연 고불락, 막을락
　망오름 봉수대에 피어오르던 불길

간밤의 어지렁헌 꿈자리인 듯
생교 난리
4·3사태
베갯머리를 적시고
초여름 깜부기처럼

저 혼자 가슴이 까맣게 타버린
우리 삼촌들

이제 그 가슴마다
새살이 돋아나는데
친구여,
뙤미의 역사는
우리 말하지 말게

상코지 벌러니코지는
뭣 때문에 한 바당까지 나왔는지
앞개는 밤에도 그리움 하나로
불 밝힌 포구

남의 땅, 우리의 지귀도가
다시 돌아오겠다는 이름자를 지니듯,
순배기꽃 다 진 날에도
대우의 노젓는 소리로
뜬 마을

비록 우리 허술한 일기여도
빌레 위에 묵묵히 쓰자

우리가 이 땅에 묻힌 뒤에도
우리를 그리워할 사람들이
있을 것이기에

불씨

누가
한라산 아랫도리에 불씨를 묻었는가
흑담 노송으로도
다 못 가린 바람이
수십 갈래의 끈질긴 인연의 끈을 따라와
화로처럼 둥그런 마을의
불씨를 다스리고 있다

어진 사람아,

서홍 마을에는 고향을 뜨는 사람도
이승을 뜨는 사람도
한 줌씩의 불씨를 나누고 갈 뿐
다시 제자리에는
새로운 이름으로 불씨가 인다

우리가 수평선을 버린 것은
수평선을 사랑하기 때문이며
우리가 꿈꾸는 어느 섬과
맞닿아 있기 때문이다

고향을 뜬 사람도

이승을 뜬 사람도
인연의 길을 따라
언제인가 돌아올 것임을
믿는 불씨

지장샘의 슬기는 수십 갈래의
길을 소리 없이 흐르고 있다

돌하르방
― 시인 김광협 선생님의 영전에

돌하르방 어디 감수광
수평선 너머
어디 갔단 옵디가

떠날 땐 꿈으로 가고
오실 땐 그 손에 무엇을 움켜 쥡디가
제주 바람보다
시대의 역풍(逆風)이 더 거칠어
덧난 몸
서울 광화문 뒷골목, 막소주집
장끼처럼 짐짓
한 목청 토해내고 싶으면
꼬로록 동녕바치, 아직 있냐고
꼬로록 동녕바치 어디 갔냐고
유자꽃 핀 마을로 갔주마씀
서울의 바람결에 반평생을 맡겨도
고향의 입맛은 돌아
전화기 저편
자리회가 먹고 싶다고
제피놓은 자리회 실컷 먹고 싶다고
그래서 그런지

떠나서 더 진정한 돌하르방
제주시인 돌하르방

돌하르방 어디 감수광
수평선 너머
어디 갔단 옵디가
다 용서해 주어뒨 왔주

강소천이 사는
유자꽃 마을
이제 그 꽃등 불을 꺼도
조상님네 모여 사는
서귀포시 호근동 학수바위 근처
다시 떠돌아다닐 작정으로
잠시 쉬러 왔주

주)『돌하르방 이디 감수광』,『유자꽃 마을』은 金光協 시인의 시집 제목이
며 강소천은 그가 꿈꾸는 고향마을. 즉 동화의 나라 등장인물이다.
'학수바위'는 고인의 영원한 안식처

고근산
― 한기팔 선생님 첫시집 출간에 부쳐

멀리 떠나와도
가까이 뵈는 사람
세상 이야기사
아예 멀리 두고 앉아
서귀포
새 봄날 맞아
새 『서귀포』 낳으시다

일체의 모든 것은
버리고 버렸나니
오로지
남은 것은
진주 보다 더 피맺힌 이슬
높고도
친근한 저 산
오늘 다시 보옵니다

어떤 날은 날갯죽지에
모진 바람 품으셨다

눈 내리는 포구에

오지 못하는 배를 위해

서귀포
선창 곁에서
동백으로 피셨더라

팔월(八月)에

I
八月의
뜨거운 이름들을 아느냐

다시
1987년 8월
저무는
서귀포 언덕에 서서

푸른 깃발을 달고
마음대로 출렁이는
서귀포 칠십리를 보느냐

II
팔월의
이름들아,
아무 데나
내달리고 싶은 풀꽃들아

돈내코 기슭에
그리운 이름으로 장끼가 운다
〉

해 질 녘
목쉰
장끼가 운다

다시 1987년의 깃발을 들고

흘러가는 구름결에도
흘러가는 바람결에도
흘러가는 시냇물에도
서농인(西農人)의 얼은 흐르고 있나니

살아서 타오르는 풀빛 이름들아

하나의 진실과
하나의 사랑은 가슴에 묻히고
한 방울의 땀과
한 방울의 소망은 땅에 묻힌다

21세기는 서농인(西農人)의 세기

한라산을 돌아온
돈내코 일천의 함성이
태평양을 향해 진군의 나팔을 들었나니

밟혀도 일어서는
목마른 풀빛 이름들아
오월의 벌판에서 눈 시리게 타오르자
타오르자

― 서농인(西農人) 〈영천축제〉에 부치는 시

다시 고쳐 잡은 말채찍으로

봄을 맞는 나목들은
무엇을 생각하는가

겨울이 혹독하면 혹독할수록
매화는
그 향기가 더욱 진한 법인데
우리가 「제주여!」 하고 부르면
시대의 앙상한 가지라도
새들이 포근히 앉을 수 있으면 좋다, 그대

1990년은 말의 해
당신은
동헌에 설어 눈
이약동 목사의 말채찍으로
또 하나의 1천 년을 향해
거친 들녘을 내달려야 한다

한라산 제1횡단도로
나목들은
목마름으로 봄을 맞지만,
거듭 태어난 제주의 쪽빛은
스스로 채찍하며

내달려야 한다

새봄은
준비하고 기다리는 사람들에게
더욱 진한 향기로
다가서는 것이기에

— 1990년 참 언론인 소식

누가 이 섬을 유형의 땅이라 하는가

누가 제주를 태평양 여울목에 놓았는가

모닥불 피워 올리듯
화산을 피워 올리며
신들이 다스려 온 이 땅

역사의 거친 바람 속에서도
돌하르방은
고을의 길목마다
고집스런 신화를 엮어 왔다

몇 점 뗏목이 수평선을 헤쳐 오듯,
조국광복이 오고
우리는 마침내
1946년 8월 1일
만선의 어부들처럼
힘찬 고동을 불며
도제(道制)의 푸른 깃발을 올렸다

법, 이전의
도둑 대문 거지 없이 살아가는
이 땅의 어진 사람들에게
누가 함부로 침탈을 일삼았는가

누가 함부로 유형(流刑)의 땅이라 하는가

일출봉 솟은 해가
사라봉에 잠길 때까지
흙냄새 묻은 민요 가락 속에
잘 살기 위해서가 아니라
죽지 않기 위해서
풀뿌리처럼
서로를 다독여 온 제주 사람들

이제 우리를 짓눌러 왔던
여울목의 거친 역사도
그 속에서 거듭 태어난 44년의
새로운 역사도,
결국은 하늘의 뜻

올림피아 여신이 서울 올림픽을 밝혔던
「하늘의 불」을
이 땅에 처음 내리신 것도
하늘의 축복은 아니었을까

이제 인류가 부르면
대답하라
목마른 우리의 한라산아

— 1990년 『제주도정』 제88호

21세기 세계인의 만남의 도시

1985년이
이대로 저물어선 안 된다

익숙지 못한
우리의 몸짓이
모기만 한 소리

나의 목소리가
식어가는 이 땅에
함께 얼어붙었나니

우리가 가야할 길에
불빛이 보이기 전에
1985년이
이대로 저물어선 안 된다

여기는
21세기
세계인들의 만남이 이루어질
서귀포

한 마리

하얀 갈매기처럼
태평양의
가장 곱고 푸른 물살이
깃드는 기슭

여기에
생활의 기름기가 흐른다고 해서
가난한 자의
첫마디 말부터 비웃어 본
비굴한 사람은 없는가
없는가

친구여
이제 우리
술잔을 놓자

아스팔트에
유자나무 가지에
첫사랑을 가슴에 묻고 사는
썰렁한 너의 어깨 위에
펄, 펄, 펄 내리는 눈을 보자

눈송이 하나에도
하늘의 생명은 스며있는 법

하찮은 것을 비웃는 자들에게

그보다 더 아픈
대가를 치르게 하소서

'정직 질서 창조'는
이 시대의 소명

흰 눈이 내리어
불의, 부패, 무질서가
아주 묻힐 때까지
1985년이
이대로 저물어선 안 된다

― 1985년 『새 서귀포』지(誌)

숯불을 피우듯

흰 모래밭에도
국화는 핀다

추워 오는
가을의 한구석에
숯불을 피워 놓듯

어린이의 손길과
어머니의 사랑이 만나서

백사벌에
국화를 피운다

너희는
이 나라의 꽃
언 땅에도
강인한 생명은 핀단다

수선화

누이야
인동초보다 먼저
수선화가 피는 뜻을 아느냐

한라산 치마폭에
길 잃은
노루의 눈빛처럼
젖은 마을

일생에 단 한 번을 운다는
가시나무새의 전설처럼
겨울바람이 가장 매서운 날은
대정의 이름으로
수선화가 핀다

산에도
들에도 바닷가에도
배움의 등불로 피어
살아 있구나

누이야
눈 위에

눈보다 더 순결하게 피어서
사랑의
종을 울려라
종을 울려라

— 대정여고 『수선화』 지(誌) 권두시

길벗
― K군 생일에

I
세 반생 살았노라
벌써 그 투정인가
나목(裸木) 그 잔가지도
춘삼월 새순 돋듯
물 봉봉 가슴 드는 날
찾아올 푸른 원정(園丁)

II
스물둘 마디마디
하나씩 촛불 켜면
눈물 빛 옷자락이
저마다 찢겼어도
오늘은 모두 모여서
서천을 나부끼네

III
이젠 길이 들어
외롭잖은 길벗아
돈 명예 사랑은 모두
한갓 뜬구름인 저

의리로 한 삶을 다지며
바삐 걷는 길벗아

IV
여어, 눈물일랑
훌렁
떨쳐 버리세
오월 스무이렛날
해는 저리 더디고
가다가 까치골 들리면
까치라도 되보세

V
안개 낀 삼경쯤엔
먼바다를 보세나
어부들 잃은 잠이
녹아 흐르는 저 불빛
그제사 눈썹달 하나
시름 헤쳐 나오고

■ 유고 시집을 엮으며

오승철 시인의 유고 시집을 엮습니다. 꿩 울음이 봄 들판을 흔드는데, 시인의 목소리가 들리지 않습니다. 당신 가신 지 한 해가 지났음에도 당신의 부재(不在)가 믿어지질 않습니다.

우리의 전통 문학인 시조를 고집해 온 당신의 목소리를 그리워하는 수많은 독자는 여전히 당신을 그리워하고 있습니다.

그들에게 들려주지 못하고 남긴 목소리를 한데 묶습니다. 1부에는 유고로 남기신 시조들을 담았습니다. 여전히 당신의 목소리는 우렁우렁합니다. 2부에는 동시조들을 넣었습니다. 과거에서부터 미래로 이어져야 할 우리 시조의 내일을 응원하던 당신의 간절함이 편편에 묻어납니다. 3부에는 오랜 세월 묵혀둔 자유시들을 넣었습니다.

굳이 자유시를 포함할 필요가 있느냐는 의문도 있었습니다. 하지만 이들을 배제하면 시인의 음성이 공허한 메아리로 흩어지는 것이 아쉽고 속상한 까닭입니다.

살아 있는 사람의 시간은 물길처럼 흘러 어느덧 1주기를 맞았습니다. 끊임없이 흐르는 시간의 가운데 되똥하니 서서 당신을 부릅니다. 당신의 모든 것을 올올이 기억하는 가족, 지인, 독자들에게 시인 오승철은 여전히 현재진행형입니다. 미래형입니다.

당신이 앉았던 그 자리에 막걸리 한잔 올립니다.

— 변종태(시인)